# LE FIRMAMENT
## DE LA VERITE,

### CONTENANT

Le Nombre de cent Demonſtrations aſſeurées, in-
faillibles, & neceſſaires, auſquelles perſonne ( hors
d'eſtre fol & infenſé) ne peut contredire.

Qui prouuent que tous les Preſtres, Diacres, Soubs-
diacres, Bacheliers, Licentiez & Docteurs en Theologie, Religieux mandians, Carmes, Religieux de
N. Dame du Mont-Carmel, Dominicains, freres
Preſcheurs, Cordeliers, freres Mineurs, Obſeruan-
tins, Recolects, Capucins, Chanoines reguliers,
Mathurins, Auguſtins, Congregation de l'Oratoire, Chanoines ſeculiers, Ieſuites, freres de la ſocieté
du nom de Ieſus, Miſſionaires de la Congregation,
ou dehors, Doctrinaires, Prieurs ſimples, Abbez
commandataires, Predicateurs & Bernabites.

Doyuent eſtre damnés eternellement, s'ils ne vont
preſcher l'Euangile aux Turcs, Arabes, Mores,
Perſes, Muſulmans & Mahometans pour l'Amour
de Ieſus Chriſt.

Par **IEAN D'AVBRY**, *Maiſtre és
ſciences Diuines & humaines, & Cha-
noine de Montpellier.*

## M. D C. XLII.

# LE FIRMAMENT
## DE LA VERITE'.

## CHAPITRE I.

L n'y a point de doubte que la terre abbreuuée du second Element, & vnie dans ses fonctions auec le Cahos, ne produise auec largesse tout ce qu'elle a de rare dans ses entrailles, & de magnifique dans ses cabinets. Elle fait non seulement germer les plantes, pour les faire manifester aux hommes qui s'en voudroient seruir à leur vtilité : Mais encore elle se entr'ouure pour leur faire voir les mines par ses creuaces, faisant ruisseler les fontaines, couler les ruisseaux, & estendre la verdure pour orner le Monde, & embellir l'vniuers   Le vent ne sort-il point du plus profond de son centre, afin de chasser les vapeurs, bannir les exalaisons, & ballier sa superficie, tout de mesme que l'or, qui ne vient de sa congelation, que pour communiquer aux hommes les choses necessaires aportées de diuerses regions, & rendre la societé ciuile plus recommandable. Ainsi les simples estendent

ſtendent ſes branches , eſcar-
tent ſes feuilles , produiſent ſes
fleurs , & finalement donnent
ſes fruicts , pour entretenir les
hommes, & conſeruer les ani-
maux. Leſquels encore bien
qu'ils habitent aux lieux les
plus eſcartez, ne reſtét pas de ſe
faire voir aux mortels en leur
faiſant connoiſtre ſes proprie-
tez, & les effects de leur nature. De maniere que les cieux
dans ſes reuolutions , appren-
nent les changements , & l'in-
conſtance attachée aux choſes
corporelles , faiſant ſentir tous
les iours des mouueméts par-
ticuliers , des eſtoiles nouuelles, des cometes eſtranges , &
des prodiges inouïs, qui ſe re-

marquent en tous les lieux de la maſſe terreſtre : comme le Soleil ne ſçauroit ſubſiſter s'il n'eſclairoit aux quatre coings du monde Elementaire. Et les hommes Chreſtiens ornez & embellis de toutes ſortes de beautez, douez d'vne ame im‐mortelle, crée pour connoi‐ſtre, aimer, & glorifier Dieu, ſe trouuerõt ſeuls priuez de leur fin, ſans vouloir à l'exemple de toutes les creatures, manife‐ſter par l'vniuers, l'honneur, & la Diuinité de Ieſus Chriſt. C'eſt en cela qu'ils paroiſſent plus infirmes que les beſtes, plus maudits que les ſerpens, & plus venimeux que les vi‐peres.   Ce qui auroit eſmeu

beau‐

beaucoup deRoys,Empereurs
& Princes de la Chreſtienté
d'aller au recouurement de la
terre ſainᴄte ; pour deffendre
la religion par l'eſpee, aux deſ-
pens de leur ſang,n'ayãt point
eſté enſeignés à annoncer l'E-
uangile par la predication,
voulant honorer le Roy de
gloire,ſelon l'induſtrie de leur
eſtat, en l'aimant par grande
tendreſſe , & faiſant paroiſtre
leur amour ſelon leur puiſſances , & meſmes beaucoup de
Seigneurs François portés du
zele de Ieſus Chriſt, ſe ſeroient
reſolus diuerſes fois à ce voyage; entre leſquels nous remar-
querons celuy qui fuſt fait,l'an
mil' ſoixante & dix, Pierre Da-

miens Preſtre, ſurnõmé l'her-
mite, à cauſe de ſa ſolitaire &
ſainɛɬte vie, ayant viſité la terre
ſainɛɬte, & veu les inſolences
que les Turcs y commettoiét,
ſuſcita les Princes Chreſtiens,
& particulierement les François ſes compatriotes, pour la
r'auoir ſur les Sarraſins & infideles, qui fut cauſe que pluſieurs en entreprindrent le
voyage : & entre autres y furent, Hugues le Grand, Comte
de Vermandois, frere du Roy
Philippe, Robert de Norman-
die fils de Guillaume le con-
querant Roy d'Angleterre,
Godefroy de Boulogne, Seigneur de Bouillon, & ſes deux
freres Baudouin & Euſtache,
enfans

enfans du Comte de Boule-
nois, Robert ou Rambert Cõ-
te de Flandres, Hugues Raymond comte de Tholofe, frere
du Duc d'Aquitaine , Herpin
comte de Bourges , Eftienne
comte de Chartres & de Blois
Raymond comte de S. Gilles,
Bohemont Prince de Tarente
fils du Normãd , Robert Guichard Duc de Poüille & Cala-
bre, Tacrend fon frere, Ance-
lin ou Anfelme comte de Ri-
chemont, Balduin de Burcho
fon coufin , Baudouin comte
de Mons en Haynault, Eftienne comte de Bourgongne fur-
nommé tefte Hardye , Valdo
coneftable de France, Eftienne
de Valois , Hugues comte de

S. Paul, Iourdan fon fils, Re-
gnaud comte de Selles, Eftienne comte de Carnotte ou Ble-
fance, Guydo comte de Calen-
de, Herman comte de Trofe,
Guillaume de Montpellier,
Gautier, d'Annebault, Gautier
de Dampierre, & Iacques
Dampierre fon coufin, Guillaume Charpentier, Girard de
Rouffillon, Pierre de Lautier,
Iacques de Luzignan, Pierre
comte des Ardennes, Iacques
de Breüil, Rogier de Barneuil-
le, Henry d'Afcot, Gilbert de
Moncler, Gafton de Bel, Guillaume Amaneno, Richard de
Lorette, Robert de Serdeualle,
Robert de Beace, Raymond
comte de Tolon, & deux de

ſes freres , Aubert de Monti-
gnon, Ioſſelin de Corténay,
Godiac comte de Montagu,
Garnier comte d'Aſcie , Bau-
doüin de Cinare, Zacharie côte de Diou , Thomas de la Fe-
re, Guy de la Poſſeſſion, Galeo
de Caymonde, Girard de San-
zé , Gilles de la Roche , Aga-
zio de Podiero , Iues de Cha-
ſteau-Briant, Arnaud de Bon,
Gaſton de Rahoul , Geoffroy
deChaſteau-roux, & pluſieurs
autres iuſques au nombre de
quarante mille hommes François , non compris les eſtran-
gers. Or ils s'acheminérẽnt
premierement par diuerſes
troupes, pour receuoir moins
d'incommodité de viures , &

mieux faciliter leur voyage; les
vns par l'Alemagne & Hon-
grie, les autres par l'esclauonie,
& les autres par mer iusques
en Grece, ou ils se retrouuerét
tous : Ainsi les François estans
arriuez à Constantinople, furent contraints de promettre à
l'Empereur Alexis de ne faire
aucun desplaisir aux peuples
de son obeissance, & de luy
rendre la forte ville de Nicée
Metropolitaine du pays deBi-
thynie, s'ils la pouuoient retirer de la main des Turcs. Et
neantmoins leur donna passage pour entrer en Asie, où ils
firét peu apres reueuë de toute leur armée, de laquelle ils
establirent selõ aucuns Estien-
ne

ne comte de Chartres & de Blois, Chef souuerain, ou sēlõ d'autres Godefroy de Bouil- lon, qui fut depuis leur Roy. Puis assiegerent & prirent au bout de cinquante & trois iours la ville de Nicée, qu'ils remirent aussi tost entre les mains d'Alexis, comme ils luy auoyent promis: & marchans apres contre Soliman, ils le vainquirent, tuans quarante ou cinquante mille de ses gés, & mettant tout le surplus en fuitte, combien qu'ils fussent, ainsi qu'on trouue par escrit, plus de cent contre vn des François: d'autant qu'on fait conte qu'il y auoit en l'armee de Soliman, quatre cens soixã-

te mille combatans, sans vn
nombre esmerueillable d'A-
rabes qui ne se pouuoiét con-
ter: au contraire des François,
qui n'estoient pas lors gueres
plus de la moitié de ce qu'ils
estoient quand ils partirent de
leur pays, aucuns estans morts
de maladie par les chemins, &
les autres ayans esté tuez ou
pris és rencontres preceden-
tes. A cause dequoy cette vi-
ctoire sembla miraculeuse aux
Chrestiens, & les Turcs qui
s'estimoient inuincibles, pour
auoir desia auparauant vaincu
toutes les nations de l'Orient,
iusques à la mer de Grece, ad-
mirérent tellement la valeur
des François, qu'ils se persua-
derent

derent qu'ils ne pouuoient e-
ftre iffus que de pareille race
& origine que la leur, & partant qu'il n'appartenoit qu'aux
François & à eux de faire le
meftier de cheuallerie & des
armes. Et peu apres les François paffans plus outre s'em-
parerent des meilleures villes
& places de Lycaonie, Pifidie,
Lycie, Cicilicie, Pamphylie, &
autres iufques à la fameufe ville d'Antioche, qu'ils affiegerent par l'efpace de fept mois,
au bout defquels apres y auoir
donné plufieurs memorables
affauts elle fut auffi rendue aux
François, qui y trouuerent
miraculeufement la lance dont
noftre Sauueur auoit eu le co-

fté percé: & bailleréc ladite ville en gouuernement à Hugues
Raymond côte de Tholofe, ou
pluftoft felon d'autres, àBohe-
mont Prince de Tarente, puis
defirent encores vne puiffante
armée de Sarrazins qui alloiét
pour la fecourir, defquels ils en
tuerent plus de cent mille fur
le champ.  Qui fut caufe que
ne trouuans plus d'empefche-
ment , ils pafferent iufques au
pays d'Alep, où le Souldan du
lieu fut auffi vaincu, la ville de
Sororge prife , & peu apres la
ville de Tyr, & tout le refte du
pays affubiecti à eux iufques à
Hierufalem, qu'ils affiegerent
& prindrent d'affault cinq ou
fix fepmaines apres , malgré la
puiffance

puissance du Caliphe de Baby-
lone, & y firent telle occision
des infideles, que les cheuaux
y estoient au sang iusques aux
genoux. Puis la baillerent en
garde à Godefroy de Bouillon
pour la gouuerner en tiltre de
Roy: ce qu'il accepta auec telle
modestie & humilité qu'il n'y
voulut iamais porter Diademe
ny Couronne d'or, en consi-
deration que nostre Saueur y
auoit esté couronné d'espines.
Et le Souldan d'Egypte ayant
peu apres amené vne armee de
cent mille cheuaux & quatre
cent mille hommes de pied,
pour la reprendre. Le Roy
Godefroy de Bouillon, auec sa
petite armee qui n'estoit plus

que d'enuiron cinq mille cheuaux, & quinze mille hommes
de pied, tous haraffez encores
du trauail qu'ils auoient eu, ne
laiffa d'aller au deuant, & en fit
demeurer plus de cent mille
fur le champ, mettant tout le
furplus en fuitte: au moyen dequoy le Roy Godefroy apres
s'eftre faifi de la ville & port de
Iaphe, mit facilement tout le
furplus de la Paleftine en fon
obeiffance : & ordonna que
fon frere Baudouin feroit côte
d'Edeffa ; Tancred frere ou
nepueu de Bohemont, feroit
Prince de Galilee, & de Tybe-
riade : & ledit Bohemont de-
meureroit Prince d'Antioche,
comme le tout eft plus ample-
ment

ment raconté dans l'hiſtoire,
qui en a eſté eſcrite, tant par
le Moyne Robert ou Rupert
qui viuoit en ce temps là, que
par Nicolas Vignier, & beaucoup d'autres plus modernes.

Les ſages Eccleſiaſtiques,
tant Religieux que Seculiers,
qui ſe ſentent bien plus obli-
gés d'apporter l'Euangile aux
Turcs par le glaiue de la Foy,
que les Monarques par le tran-
chant de leurs eſpées: auroient
ils demeuré en repos dãs vn ſi
beau moyen d'acquerir la beatitude. Sans doubte leur zele a-
moureux ne les laiſſoit point
dans l'oiſiueté ? Combien d'E-
ueſques, d'Abbés, de Religieux,
de Chanoines, Preſtres & Dia-

cres ont annoncé aux Turcs
auec vn fruict admirable l'E-
uangile du Sauueur du Monde au defpens de leur fang &
de leur vie? combien de faincts
les Infideles ont mis dans le
Ciel, qui leur alloient prefcher
les articles de noftre foy ? Cõ-
bien de martyrs ont receu la
couronne du martyre par le
moyen de ces Infideles ? Et
combien y a il d'hommes qui
fans eftre Ecclefiaftiques ont
porté la trompette Euangelique, au milieu de ces Arabes, a-
uec vne moiffon toute mer-
ueilleufe, ayant en fuitte par
l'effufion de leur fang, pour
l'amour de Iefus Chrift, fait
fendre le Ciel , & ouurir les
portes

portes du paradis. Certes le nombre en est si grand que ie ne les pourois escrire, entre lesquels ie n'oublieray point ce grãd & incomparable Aymar Euesque du Puy, auec ses Chanoines, Guillaume Euesque d'Orenge, les Archeuesques de Reims & de Bourges, l'Euesque de Beauuais, Sts. Vital, Berard, Pierre Accurse, Auit Othon & le reste des ames sainctes, qui ont mesprisé la mort infinie, pour acquerir la vie Eternelle.

Mais à present ces Religieux & seculiers Ecclesiastiques, plongez dans les delices du monde, reiettent la main de Dieu, qui tousiours la presen-

te pour les retirer du sale bourbier de voluptez, s'endurcis-
sent si fort en leur vie dépra-
uée, que cest endurcissement,
se conuertit en vn roc, contre
lequel ils font à la fin vn dam-
nable naufrage : leurs ames
charmées de cette brutale &
delicieuse Circé, deuiennent,
toutes esgarées de leur propre lumiere, & perdans le iugement suiuét pluftoft le train
des ames sensitiues qui font,
aux beftes, que des raisonna-
bles qui font aux hommes.
Quelle infamie à l'ame crée
pour donner l'eftre & la for-
me à l'homme, de se rendre
ainfi esclaue & feruante de fa
matiere, & d'vne lacheté cri-
minelle

minelle ne vouloir viure &
demeurer que parmy les choses Elementaires. Où est son
entendement, cette puissance
diuinement humaine, où Dieu
a imprimé les traits de son i-
mage? où est cette memoire, ce
registre viuant qui reçoit le
caractere & l'impression de
toutes choses? Où est cette volonté qui iouyssant du droit
de franchise ne recognoit que
sa propre liberté? où sont ses
nobles & belles facultez? Res-
pondez Religieux c'est à vous
à qui ie parle, vous n'osez me
le dire parce que ie vous touche en la partie sensible. Cōfes-
sez hardiment qu'elles sont as-
seruies aux vanitez du mōde,

& dites auec S. Auguſtin : Ie
marchois par les places deBa-
bilone & me veautrois dãs ſes
boües , comme dans des vn-
guents precieux. Helas!com-
bien de Religieux & Ecclefia-
ſtiques peuuét veritablement
faire vne pareille confeſſion,
puis que cette grãde Babilone
du monde n'eſt qu'vn bourbier d'immõdices où les mortels ſe veautrent à toute heure:
bourbier formé de nos iniqui-
tez, d'où,comme d'vne ſource
de corruption , ſourdent les
ruiſſeaux de nos miferes. Las!
où eſt la ſimplicité ancienne?
où eſt l'innocence de nos a-
yeulx?ie ne dis pas l'originelle
qui nous deuoit rendre heu-

reux

reux à tiltre d'immortalité?
Celle là a commencé & fini en
noftre premier pere, ie parle
de l'innocence morale, en laquelle viuoient les hommes
des premiers fiecles, & de l'innocence Chreftienne, en laquelle mouroient les premiers
enfans de la Foy: Tout eft per-
uerti, les vertus morales &
chreftiennes ne trouuent plus
de retraicte chez les Religieux,
& comme fi elles leurs eftoient
à charge ils n'en veulent que
la robbe, ie dis les apparences:
Et puis tous les Ecclefiaftiques
afpireront à la vie eternelle, &
perfonne ne tafchera de s'en-
rédre digne: tous voudront aller au Ciel, & nul ne fe mettra

D

dans la droicte voye, vn chacū voudra part à la couronne & pas vn ne voudra participer au combat. O imprudence insensée! ô folie impie! ô Religieux aueuglez, mais d'vn aueuglement malicieux & volontaire: & pour qui prenez vous le Seigneur, de penser que ses thresors soient le prix de vos offenses, & qu'il ouure son Paradis à ceux qui lui ferment le cœur? C'est vne indiscretion impudente & imprudente, de demāder des recompences & des honneurs aux Rois & aux Princes, si on ne leur a rendu quelque seruice, qui iustifie la demande. Hé comment appellerez-vous cel-

le

le que vous faites à Dieu?à qui
vous n'auez pas seulement,
rendu aucun seruice , ains l'a-
uez offensé en mille sortes.

Si tu sçauois donc , ô Religieux miserable, & si les com-
pagnons de tes fragilitez le
vouloient apprendre, de combien d'amertumes font suiuies
les douceurs mondaines , &
combien de remords couuent
dans la conscience , pendant,
que la vie se consomme dans
les delices : si tu sçauois dif-je
quels font les mouuements du
Religieux mourãt, & de combien de larmes & de peines il
voudroit auoir racheptê quel-
ques iours de sa vie pour les
donner à la predication au mi-

lieu des barbares. Ie m'asseure
que tu iurerois vn diuorce e-
ternel aux vanitez de la terre,
& suiuant pluftoft la lumiere,
de ton entendement que celle
de tes yeux , tu chercherois les
obiects qui font propres &
conuenables à ton eftre : tu ne
verrois les beautez humaines
que d'vn regard paffager, pour
crainte de leurs charmes , oû
d'vne œillade fixe pour l'a-
mour de leur createur , afin de
le contempler & l'admirer en
fes beaux ouurages. Mais ie te
demande, ô Ecclefiaftique cri-
minel, fur quoy fondes tu tes
efperances dans le monde?
Quand ton amour & ton am-
bition, qui font les deux poles

mife-

miferables fur lefquels tu fais
rouler ta vie, feroient aflouuis
des plaifirs & des grandeurs,
qu'elle eft leur condition, &
quelle leur durée? Mille peines
& autất de perils en la recher-
che, mille craintes en la poffeffion, & mille douleurs en la
perte.

Apres tant de trauaux mon-
dains quel terme aura ces in-
famies, fi ce n'eft l'enfer, pour
recompenfe, & les tourmens
des diables pour fin, ce que
nous allons voir en ce chapi-
tre par des demonftrations fi
neceffaires qu'il n'y a que les
fols & infenfez qui puiffent
refpondre à toutes ces veritez,
en ce qu'il n'y a homme de bõ

sens qui soit si temeraire d'y vouloir contredire. Sans me seruir d'aucun passage de la saincte Escriture, afin que les esprits infirmes & sçauãteaux, bigearres, ne les puissent interpreter à leur fantaisie & iugement: vuide de raison, encore que l'air & le vent remplissent toutes choses. Ainsi il faut que tous les Religieux & Ecclesiastiques qui n'irõt point parmi les Turcs, aillent tenir cõpagnie au diable, cõme nous allons voir; n'y ayant parmy ce grand nombre que les Pasteurs diocezains, parochiaux, & claustreaux, seruans effectiuement, Hermites, Pelerins, Chartreux, Religieux de S. Benoist

noiſt en la reforme, de la charité, ſoignant les pauures ma-
lades, & ceux qui ont ſoing
des pauures infirmes, priſon-
niers, condamnez, & forçats,
comme faiſoit Monſieur Ber-
nard Preſtre d'heureuſe &
faincte memoire, n'y ayant
diſ-ie que ceux la, qui ſe puiſ-
ſent diſpenſer de cette neceſſi-
té abſoluë & inuiolable, de
preſcher l'Euangile aux Barbares, ou de demeurer à iamais auec ſatan.

# LE FIRMAMENT
## DE LA VERITE.

### CHAPITRE  II.

AINSI pour faire voir ces demonstrations auec ordre, rengées en batterie, disposées à faire dresser les cheueux aux Esprits les plus enragez, & aux ames les plus maudites : nous commancerons en cette sorte.

La Premiere. Ceux qui augmentent le Royaume de Satan, doiuent estre damnez. Or est il que tous les Prestres, Diacres

Diacres, Soubs-diacres, Bacheliers, Licentiez, & Docteurs en Theologie, Religieux, Mendiãs, Dominicains,
freres prescheurs, Cordeliers,
freres Mineurs, Obseruantins,
Recolects, Capucins, Chanoines reguliers, Mathurins, Augustins, Congregation de l'O-
ratoire, Chanoines seculiers,
Iesuites, freres de la societé du
nom de Iesus, Missionnaires de
la Cõgregatiõ ou dehors, Carmes, Prieurs simples, Doctrinaires, Abbés commédataires,
Predicateurs &Bernabites,(ne
preschant point l'Euangile aux
infideles, Turcs, Mores, Arabes,& Mahomerans,)augmé-
tent le Royaume de Satan.

Dõc cesPreſtres,Religieux&c.
doiuent eſtre damnés eternellement, s'ils ne vont preſcher
l'Euangile aux infideles.

La 2. Ceux qui ſeparent
les hommes de la fin pour laquelle ils ont eſté faits,doiuent
eſtre damnés eternellement.
Or eſt-il que les Preſtres, Religieux,Docteurs,&c. (ne preſchant point l'Euangile aux infideles,) ſeparent les hommes
de la fin pour laquelle ils ont
eſté faits. Donc ils doiuent
eſtre damnés eternellement,
s'ils ne vont preſcher l'Euangile aux infideles.

La 3. Ceux qui precipi-
tent les hommes dans les enfers: doiuét eſtre damnés eter-
nelle-

nellemét. Or est il que les Religieux, Docteurs, &c. (ne prcf-
chant point l'Euangile aux infideles,) precipitét les hommes
dans les enfers. Donc ils doiuent estre damnés eternellement, s'ils ne vont prescher
l'Euangile aux infideles.

La 4. Ceux qui rendent
inutile la mort de Iesus Christ,
enuers les hommes qui n'ont
point la lumiere de la Foy: doiuent estre damnés eternellement. Or est il que les Prestres,
Religieux, &c. (n'allant point
prescher l'Euangile aux infideles,) rendent inutile la mort de
Iesus Christ enuers les hómes
qui n'ont point la lumiere de
la Foy. Donc ils doiuent estre

damnés eternellement, s'ils ne vont prescher l'Euangile aux infideles.

La 5. Ceux qui accroissét les erreurs des hommes, doiuent estre damnés eternellement. Or est il que les Prestres Beneficiers, &c. (ne preschant point l'Euágile aux infideles,) accroissent les erreurs des hómes. Donc ils doiuent estre damnés eternellement, s'ils ne vont prescher l'Euangile aux infideles.

La 6. Ceux qui destachét les hommes de tous les moyens qui les peuuent porter à Salut : doiuent estre damnés eternellement. Or est il que les Religieux, &c. (ne preschant

point

point l'Euāgile aux infideles,)
deſtachér les hommes de tous
les moyens qui les peuuent
porter à Salut. Donc ils doiuét
eſtre damnés eternellement,
s'ils ne vont preſcher l'Euangile aux infideles.

La 7. Ceux qui accordent
l'inclination que les hommes
ont au vice, auec la tromperie
du diable : doiuent eſtre damnés Or eſt il que les Religieux,
Preſtres, &c. (n'allāt point preſcher l'Euangile aux infideles,
accordent l'inclination que les
hommes ont au vice, auec la
tromperie du diable. Donc ils
doiuent eſtre damnés eternellement, s'ils ne vont preſcher
l'Euangile aux infideles.



E iij

La 8. Ceux qui iettent les hommes dans vn abisme de maledictions : doiuent estre damnés. Or est il que les Religieux, &c. (ne preschant point l'Euangile aux infideles,) iettét les hommes dans vn abisme de maledictions. Donc ils doiuét estre damnés, s'ils ne preschent l'Euangile aux infideles, Turcs, &c.

La 9. Ceux qui diminuét la gloire de Iesus Christ : doiuent estre damnés. Or est il que les Prestres, Religieux, Beneficiers &c. (ne preschans point l'Euágile aux infideles,) diminuét la gloire de Iesus Christ. Donc ils doiuent estre damnés, s'ils ne preschent l'Euangile aux infideles.

La

La 10. Ceux qui font continuer l'habitude de peché: doiuent estre damnés eternellemét. Or est il que les Religieux, Prestres, &c. ( ne preschant point l'Euãgile aux infideles,) font continuer l'habitude de peché. Donc ils doiuent estre damnés eternellement, s'ils ne preschent l'Euangile aux infideles.

La 11. Ceux qui font demeurer au monde des opprobres & des derisions faites à Iesus Christ: doiuét estre dam-nés. Or est il que les Beneficiers, Religieux, &c. (ne preschant point l'Euangile aux in-fideles) font demeurer au mõde des opprobres & des derifions faites à Iefus Chrift. Donc ils doiuent eftre damnés, s'ils ne prefchent l'Euangile aux infideles.

La 12. Ceux qui font perdre toutes les fainctes infpirations que Dieu enuoye à des hommes : doiuent eftre damnés. Or eft il que les Religieux, Preftres, &c. (ne prefchât point l'Euangile aux infideles, font perdre toutes les fainctes infpirations que Dieu enuoye à des hommes. Donc ils doiuent eftre damnés, s'ils ne prefchent l'Euangile aux infideles.

La 13. Ceux qui deftruifent entierement les voyes par lefquelles Dieu veut fauuer les hommes, doiuent eftre damnés

nés. Or est il que les Religieux, Prestres, &c. (ne preschât point l'Euangile aux infideles,) destruisent entierement les voyes par lesquelles Dieu veut sauuer les hommes. Donc ils doiuent estre damnés, s'ils ne preschent l'Euangile aux infideles.

La 14. Ceux qui font perseuerer le mal rendant les hómes plus obstinés : Doiuent estre damnés. Or est il que tous Prestres, Cordeliers, Iesuites: (ne preschant point l'Euangile aux infideles,) fôt perseuerer le mal, rendant les hommes plus obstinez. Donc ils doiuent estre damnés eternellemét, s'ils ne vont prescher l'Euangile aux infideles.

F

La 15. Ceux qui font mef-
prifer le merite de la croix: doiuent eftre damnés eternellement. Or eft il que tous
Preftres , Religieux , Iefuites,
&c. (ne prefchât point l'Euangile aux infideles, font mefpri-
fer le merite de la croix. Donc
ils doiuent eftre damnés eternellement , s'ils ne prefchent
l'Euangile aux infideles.

La 16. Ceux qui renuer-
fent le refpect qu'il faut que les
hommes ayent pour noftre
Redempteur : doiuent eftre
damnés eternellement. Or eft
il que les Preftres , Docteurs,
&c. (ne prefchât point l'Euangile aux infideles,) réuerfent le
refpect qu'il faut que les hom-

mes

mes ayent pour noſtre Re-
dempteur. Donc ils doiuent e-
ſtre damnés eternellement, s'ils
ne vont preſcher l'Euangile
aux infideles.

La 17. Ceux qui font de-
clarer les hommes ennemis de
Dieu: doiuent eſtre damnés e-
ternellement. Or eſt il que les
Religieux, Docteurs, &c. (ne
preſchât point l'Euangile aux
infideles,) font declarer les hômes ennemis de Dieu. Donc
les Religieux, &c. doiuent e-
ſtre damnés eternellement, s'ils
ne vont preſcher l'Euãgile aux
infideles.

La 18. Ceux qui donnent
l'adreſſe au diable d'acquerir,
la plus grande partie des hom-

mes: doiuent estre dãnés eternellemét. Or est il que tous les
Religieux, Beneficiers &c. (ne
preschant point l'Euãgile aux
infideles,) donnent l'adresse au
diable d'acquerir la plus grande partie des hommes.   Donc
les Religieux , &c.  doiuent e-
stre damnés eternellemét, s'ils
ne preschent  l'Euangile  aux
infideles.

La  19.  Ceux qui font naistre aux hommes, vn abãdon-
nement à toutes sortes de mes-
chancetez, doiuent estre damnés eternellemét. Or est il que
les Religieux, &c. (ne preschãt
point l'Euãgile aux infideles,)
font naistre vn abandonnemét
à toutes sortes de meschance-
tez.

tez. Donc ils doiuent eftre dánés eternellement, s'ils ne prefchent l'Euangile aux infideles.

La 20. Ceux qui donnent
l'hauthorité au vice de meftrifer les hommes en toutes les
puiſſances de leurs ames : doiuent eſtre damnés eternellement. Or eſt il que les Preſtres,
Religieux, &c. (ne preſchant
point l'Euangile aux infideles,) donnent l'authorité au vice de meftrifer les hommes en
toutes les puiſſances de leurs
ames. Donc les Religieux, &c.
doiuent eſtre damnés eternellement, s'ils ne preſchent l'E-
uangile aux infideles.

La 21. Ceux qui font for-
tir la malediction, des actions

que la pluſpart des hommes font comme ſainctes: doiuent eſtre damnés. Or eſt il que les Religieux, Chanoines, &c. (ne preſchant point l'Euágile aux infideles,)font ſortir la malediction des actions que la pluſpart des hommes font comme ſainctes. Donc les Religieux Chanoines, &c. doiuent eſtre damnés, s'ils ne preſchent l'Euangile aux infideles.

La 22. Ceux qui banniſſent les hómes de la connoiſſance de la Diuinité: doiuent eſtre damnés eternellement. Or eſt il que les Ieſuites, &c. (ne preſchant point l'Euangile aux Turcs,) banniſſent des hommes la connoiſſance de

la

la Diuinité. Donc les Iesuites, &c. doiuent estre damnés eternellement, s'ils ne preschent l'Euangile aux Turcs.

La 23. Ceux qui sont cause qu'il y a plus d'ames damnées, que de sauuées : doiuent estre eternellement damnés. Or est il que les Religieux, Prestres de l'Oratoire, &c. ( ne preschant point l'Euangile aux infideles : ) sont cause qu'il y a plus d'ames damnées que de sauuées. Donc les Religieux, Prestres de l'Oratoire, &c. doiuent estre eternellement damnés, s'ils ne preschent l'Euangile aux infideles.

La 24. Ceux qui donnent la hardiesse aux hommes de

mettre le vice au deſſus de la
vertu: doiuent eſtre damnés e-
ternellement. Or eſt il que les
Religieux, Chanoines, &c. (ne
preſchant point l’Euangile aux
infideles,) donnent la hardieſ-
ſe aux hommes, de mettre le
vice au deſſus de la vertu. Dõt
les Religieux, Chanoines, &c.
doiuent eſtre damnés eternellement, s’ils ne preſchent l’E-
uangile aux infideles.

La 25. Ceux qui aſſem-
blent en grande amitié la ſotti-
ſe des hommes auec la vanité
du Diable, pour demeurer
touſiours dans meſmes deſirs:
doiuent eſtre damnés eternellement. Or eſt il que les Religieux, Preſtres, &c. (ne preſchant

chant point l'Euangile aux infideles,) assemblent en grande amitié la sottise des hommes auec la vanité du Diable, pour demeurer tousiours dans mesmes desirs. Donc les Prestres, Religieux, &c. doiuent estre damnés eternellement, s'ils ne preschent l'Euangile aux infideles.

La 26. Ceux qui font ignorer à la plus part des hommes les misteres de la religion catholique: doiuent estre damnés. Or est il que les Carmes, Cordeliers, &c. (ne preschant point l'Euāgile aux infideles,) font ignorer à la plus part des hommes les mysteres de la religion catholique. Donc les

G

Carmes, Cordeliers, &c.doiuent eſtre damnés, s'ils ne pteſchent l'Euangile aux infideles.

La 27. Ceux qui rendent les hommes abrutis dans le vice: doiuent eſtre damnés eternellemét. Or eſt il que les Auguſtins, &c. ( ne preſchant point l'Euangile auxinfideles,) Turcs, &c. rendét les hommes abrutis dans la vie. Donc ils doiuent eſtre damnés eternellement, s'ils ne vont preſcher l'Euangile aux infideles, Turcs &c.

La 28. Ceux qui font marcher la plus grande partie des hommes ſelon les inſpirations Diaboliques: doiuét eſtre eternellemét damnés. Or eſt il que

les

les Chanoines, Prieurs simples
&c.(ne preschant point l'Euãgile aux infideles ,·) font marcher la plus grande partie des
hommes, selon les inspirations
Diaboliques. Donc les Chanoines, Prieurs simples, &c.
doiuent estre eternellement
damnés, s'ils ne preschent l'E-
uangile aux infidelles.

La 29. Ceux qui separent
la grace des hõmes qui les doit
conduire à la gloire : doiuent
estre damnés. Or est il que Religieux, &c.ne preschant point
l'Euangile aux infideles, separent la grace des hommes, qui
les doit conduire à la gloire.
Donc les Religieux, &c.doi-
uetnt estre damnés, s'ils ne

preſchent l'Euangile aux infideles.

La 30. Ceux qui font ſor-
tir l'amertume qui ſuit l'inſenſibilité aux paroles diuines,
doiuent eſtre damnés. Or
eſt il que les Ieſuites, &c. (ne
preſchant point l'Euangile
aux Turcs,) font ſentir l'amertume qui ſuit l'inſenſibilité aux
paroles diuines. Donc les Ieſuites, &c. doiuent eſtre damnés, s'ils ne preſchent l'Euangile aux Turcs, &c.

La 31. Ceux qui ioignent
les hommes creez pour Dieu,
auec leur contraire, qui eſt le
Diable : doiuent eſtre damnés.
Or eſt il que les Preſtres, Religieux, &c. (ne preſchant point

l'Euan-

l'Euangile aux Arabes, &c.
ioignent les hommes créez
pour Dieu, auec leur contraire,
qui est le Diable. Donc les Prestres, Religieux, &c. doiuent
estre damnés, s'ils ne preschent
l'Euangile aux Arabes.

La 32. Ceux qui enseignét
les semances de la verité, qui
sont aux entendemés humains:
doiuent estre damnés. Or est il
que les Bernabistes, &c. ( ne
preschant point l'Euangile aux
infideles, ) enseignent les se-
mences de la verité, qui sont
aux entendemens humains.
Donc les Bernabites, &c. doiuent estre damnés, s'ils ne preschent l'Euangile aux infideles.

La 33. Ceux qui mettent

l'erreur auec la malice de la plus part des hommes : doiuent eſtre damnés. Or 'eſt il que les Capucins, &c (ne preſchant point l'Euangile aux infideles , ) mettent l'erreur auec la malice de la plus part des hommes. Donc les Capucins, &c. doiuent eſtre damnés, s'ils ne preſchent l'Eangile aux infideles.

La 34. Ceux qui font oublier les fideles deuoirs, que les creatures font obligées de rendre à leur Createur: doiuent eſtre damnés. Or eſt il que les Religieux, &c. ( ne preſchant point l'Euãgile aux infideles,) font oublier les fideles deuoirs, que les creatures font obligées

de

de rendre à leur Createur. Dõc
les Religieux, &c. doiuent estre
damnés eternellement, s'ils ne
preschent l'Euangile aux infideles.

La 35. Ceux qui font desirer à la plus part des hommes,
ce qui est contraire à la volonté de Dieu: doiuent estre damnés. Or est il que les Prestres,
&c. (ne preschãt point l'Euangile aux infideles,) font desirer
à la plus part des hommes, ce
qui est contraire à la volonté
de Dieu. Donc les Prestres doiuét estre damnés, s'ils ne preschent l'Euangile aux infideles,

La 36. Ceux qui terminent
les œuures des hommes, auec
la peine infinie : doiuent estre

damnés. Or est il que les Religieux, &c. (ne preschant point l'Euangile aux infideles,) terminent les œuures des hommes auec la peine infinie. Dõc les Religieux, &c. doiuent estre damnés, s'ils ne preschent l'Euangile aux infideles.

La 37. Ceux qui font souhaiter à la plus part des hommes les maledictiõs eternelles: doiuent estre damnés. Or est il que les Prestres, Religieux, &c. (ne preschant point l'Euangile aux infideles,) font souhaiter à la plus part des hommes les maledictions eternelles. Donc ils doiuent estre damnés, s'ils ne preschent l'Euangile aux infideles.

La

La 38. Ceux qui hostent toute esperance de Salut : doiuent estre damnés. Or est il que les Religieux, &c. ( ne preschant point l'Euãgile aux infideles ) hostent toute esperance de Salut. Donc ils doiuent estre damnés, s'ils ne preschent l'Euangile aux infideles.

La 39. Ceux qui remplissent l'enfer d'ames perdues: doiuent estre damnés. Or est il que les Religieux, &c. ( ne preschant point l'Euangile aux infideles, ) remplissent l'enfer d'ames perdues. Donc ils doiuent estre damnés, s'ils ne preschent l'Euangile aux infideles.

H

La 40. Ceux qui font que les hommes renient la diuinité, doiuent eſtre damnés. Or eſt il que les Religieux, &c. (ne preſchant point l'Euangile aux infideles, ) font que les hommes renient la Diuinité. Donc les Religieux, &c. doiuent eſtre damnés, s'ils ne preſchent l'Euangile aux infideles.

La 41. Ceux qui donnent à l'homme de grands mouuemens, pour vouloir la compagnie des dæmons : doiuent eſtre damnés eternellement. Or eſt il que les Ieſuites, &c. (ne preſchant point l'Euangile aux infideles, ) dõnent à l'homme de grãds mouueméts pour vouloir la compagnie des dæmons

mons Donc les Iesuites doiuent estre damnés eternelle-ment, s'ils ne preschent l'Euangile aux infideles.

La 42. Ceux qui corrompent les actions des hommes, pour faire qu'elles ne plaisent point à Dieu : doiuent estre damnés. Or est il que les Religieux, &c. (ne preschant point l'Euangile aux infideles,) corrompent les actions des hommes, pour faire qu'elles ne plaisent point à Dieu. Donc les Religieux, &c. doiuent estre damnés, s'ils ne preschent l'Euangile aux infideles.

La 43. Ceux qui fortifient les hōmes dans l'erreur & dās l'ignorance du chemin du Ciel:

doiuent eftre damnés. Or eft il que les Iefuites, &c. (ne prefchât point l'Euangile aux Turcs,) fortifiét les hômes dãs l'erreur, & dans l'ignorance du chemin du Ciel. Donc les Iefuites, &c. doiuent eftre damnés, s'ils ne prefchent l'Euangile aux Turcs.

La 44. Ceux qui releuent l'honneur du Diable au deffus de celuy de Iefus Chrift : doiuent eftre damnés. Or eft il que les Religieux, &c. (ne pref-chant point l'Euangile aux infideles,) releuent l'honneur du Diable au deffus de celui de Iefus Chrift. Dõc les Religieux, doiuent eftre damnés, s'ils ne prefchent l'Euangile aux infideles,

La

La 45. Ceux qui font me-
ſtrifer les fonctions de l'eſprit,
par les deſirs & appetits cor-
porels : doiuent eſtre damnés.
Or eſt il que tous les Religieux,
&c. ( ne preſchant point l'E-
uangile aux infideles,)font me-
ſtrifer les fonctions de l'eſprit,
par les deſirs & appetits cor-
porels. Donc ils doiuent eſtre
damnés eternellement, s'ils ne
vont preſcher l'Euangile aux
infideles.

La 46. Ceux qui font que
la plus grande partie des hommes, operent œuures damnables, doiuent eſtre damnés. Or
eſt il que les Religieux, &c. (ne
preſchant point l'Euangile aux
infideles, ) font que la plus

grande partie des hommes, o-
operent œuures damnables.
Donc ils doiuent eftre damnés , s'ils ne prefchent l'Euangile aux infideles.

La 47. Ceux qui rendent
les hommes obftinez pour ne
vouloir acquerir la vertu, doiuét eftre damnés. Or eft il que
les Carmes, Auguftins, &c. (ne
prefchant point l'Euangile
aux infideles,) rendent les hômes obftinez, pour ne vouloir
acquerir la Vertu. Donc les
Carmes , Auguftins, &c. doiuent eftre damnés, s'ils ne prefchent l'Euangile aux infideles.

La 48. Ceux qui mettent
en eftime, & veneration les folies des hommes, au deffus de
la

la verité de Dieu: doiuent estre damnés. Or est il que les Bernabites Missionnaires, Docteurs, &c. (ne preschant point l'Euangile aux infideles,) mettent en estime & veneration les folies des hommes au dessus de la verité de Dieu. Donc les Bernabites, Missionnaires, Docteurs, &c. doiuent estre damnés, s'ils ne preschent l'Euangile aux infideles.

La 49. Ceux qui font triompher Satan au dessus de l'honneur de Iesus Christ: doiuent estre damnés. Or est il que les Religieux, &c (ne preschant point l'Euangile aux infideles,) font triompher Satan au dessus de l'honneur de Iesus

Chrift. Donc les Religieux, &c. doiuent eftre damnés, s'ils ne prefchent l'Euangile aux infideles.

La 50. Ceux qui rendent infructueufe l'aplicatiõ du merite du fãg de Iefus Chrift: doiuét eftre damnés. Or eft il que les Preftres, &c. ( ne prefchant point l'Euangile aux infideles,) rendent infructueufe l'application du merite du fang de Iefus Chrift. Donc les Preftres, &c. doiuent eftre damnés , s'ils ne prefchent l'Euangile aux infideles.

La 51. Ceux qui aident le diable pour empefcher que noftre Redempteur ne foit exalté: doiuent eftre damnés. Or eft il est il que les Prestres , &c. (ne preschant point l'Euangile aux infideles,) aydét le diable pour empescher que nostre Redempteur ne soit exalté. Donc les Prestres, &c. doiuent estre damnés , s'ils ne preschent l'Euangile aux infideles.

La 52. Ceux qui font subsister aux hommes la couronne de toutes sortes de maledictions: doiuent estre damnés. Or est il que les Religieux, &c. (ne preschant point l'Euangile aux infideles, ) font subsister aux hommes la couronne de toutes sortes de maledictions. Donc les Religieux, &c. doiuent estre damnés, s'ils ne preschent l'Euangile aux infideles.

La 53.    Ceux qui font
approcher la recompenſe des
actions humaines, auec celles
du Diable: doiuent eſtre damnés. Or eſt il que les Religieux,
&c. ( ne preſchant point l'E-
uãgile aux infideles , ) font approcher la recompenſe des a-
ctiõs humaines , auec celles du
Diable.  Donc les Religieux,
&c. doiuent eſtre damnés , s'ils
ne preſchent l'Euangile aux
infideles.

La 54.  Ceux qui font e-
ſtre vn meſpris de la gloire
que les Chreſtiens attendent
au Ciel: doiuent eſtre damnés.
Or eſt il que les Religieux,&c.
(ne preſchant point l'Euangile
aux

aux infideles, ) font eftre vn mefpris de la gloire que les Chreftiens attendent au Ciel. Donc les Religieux, &c. doiuent eftre damnés, s'ils ne prefchent l'Euangile aux infideles.

La 55. Ceux qui font que les hommes foulent aux pieds fur la terre, Iefus Chrift qui nous monftre le chemin du Ciel: doiuent eftre damnés. Or eft il que les Religieux, &c. (ne prefchant point l'Euangile aux infideles, ) font que les hommes foulent aux pieds fur la terre, Iefus Chrift qui nous monftre le chemin du Ciel.

Donc les Religieux, &c. doiuét eftre damnés, s'ils ne prefchent l'Euangile aux infideles.

La 56.   Ceux qui font que les hommes se moquent de la crainte du Iugement dernier, qui se fera par le Dieu hôme: doiuent estre damnés. Or est il que les Religieux, &c. (ne preschant point l'Euangile aux infideles, ) font que les hommes se moquent de la crainte du Iugement dernier , qui se fera, par le Dieu homme. Donc ils doiuent estre damnés , s'ils ne preschent l'Euangile aux infideles.

La 57. Ceux qui font sortir en la plus grande partie des hommes le comble de toutes sortes de malheurs : doiuent estre damnés. Or est il que les

Docteurs,

Docteurs, &c. ( ne preschant
point l'Euāgile aux infideles,)
font fortir en la plus grande
partie des hommes, le comble
de toutes fortes de malheurs.
Donc les Docteurs, &c. doiuent eftre dānés , s'ils ne prefchent l'Euangile aux infideles.

La 58. Ceux qui conten-
tēt merueilleufemēt le Diable:
doiuent eftre damnés. Or eft il
que les Preftres, Religieux, &c.
( qui ne vont point prefcher
l'Euangile aux infideles , con-
tentent merueilleufement le
Diable. Donc les Preftres, Religieux, &c. doiuent eftre damnés, s'ils ne prefchent l'Euangile aux infideles.

La 59. Ceux qui rendent

fubiect à Satan, les creatures de
Dieu : doiuent estre damnés.
Or est il que les Religieux, &c.
(ne preschant point l'Euangile
aux infideles,) rendent subiect
à Satan, les creatures de Dieu.
Donc les Religieux, &c. doiuent estre damnés, s'ils ne preschent l'Euangile aux infideles.

La 60. Ceux qui font souffrir des peines eternelles en la
plus part des hommes : doiuent estre damnés. Or est il
que les Religieux, &c. ( ne
preschant point l'Euangile aux
infideles,) font souffrir des peines eternelles en la plus part
des hommes. Donc les Religieux, &c. doiuent estre damnés, s'ils ne preschent l'Euágile
aux

aux infideles.

La 61. Ceux qui rauiſſent l'honneur exterieur deub à Ieſus Chriſt : doiuent eſtre damnés. Or eſt il que les Religieux, &c. (ne preſchant point l'Euãgile aux infideles,) rauiſſent l'hõneur exterieur deub à Ieſus Chriſt. Donc les Religieux, &c. doiuent eſtre damnés, s'ils ne preſchent l'Euangile aux infideles.

La 62. Ceux qui mettent la plus part des hommes en la diſpoſition du Diable : doiuent eſtre damnés. Or eſt il que les Preſtres, Religieux, &c. ( ne preſchant point l'Euangile aux infideles,) mettent la plus part des hommes en la diſpoſition.

du Diable. Donc ils doiuent
eftre damnés , s'ils ne prefchét
l'Euangile aux infideles.

La 63. Ceux qui accom-
pliffent les tromperies de l'efprit immonde, en la poffeffion
des ames: doiuét eftre damnés.
Or eft il que les Religieux, &c.
(ne prefchant point l'Euangile
aux infideles , ) accompliffent
les tromperies de l'efprit immonde , en la poffeffion des a-
mes. Donc les Religieux, &c.
doiuent eftre damnés , s'ils ne
prefchent l'Euangile aux infideles.

La 64. Ceux qui rendent
le chemin des Enfers plus
large, & plus abondant que
celuy du Ciel: doiuent eftre
dam-

damnés. Or est il que les Religieux, Docteurs, &c. (ne prefchant point l'Euāgile aux infideles, ) rendent le chemin des
Enfers plus large & plus abō-
dant que celuy du Ciel. Donc
les Religieux Docteurs : doiuent estre damnés, s'ils ne prefchent l'Euangile aux infideles.

La 65. Ceux qui rendent
les hommes à iamais maudits
de Dieu : doiuét estre damnés.
Or est il que les Religieux, &c.
(ne prefchant point l'Euangile aux infideles , ) rendent les
hommes à iamais maudits de
Dieu. Donc les Religieux, &c.
doiuent estre damnés , s'ils ne
prefchent  l'Euangile aux infideles.

K

La 66. Ceux qui ferment le Ciel à la plus part des hômes, pour n'y pouuoir iamais monter : doiuét eſtre damnés. Or eſt il que les Docteurs, &c. ( ne preſchant point l'Euangile aux infideles, ) ferment le Ciel à la plus part des hômes, pour n'y pouuoir iamais monter. Donc les Docteurs, &c. doiuent eſtre damnés, s'ils ne preſchent l'Euangile aux infideles.

La 67. Ceux qui mettent les hommes dans les tourmés diaboliques : doiuent eſtre dánés. Or eſt il que les Licentiez, &c. ( ne preſchant point l'Euangile aux infideles, ) mettent les hommes dás les tourmens diaboliques. Dóc ils doiuent

uent eſtre damnés, s'ils ne preſchent l'Euangile aux infideles.

La 68. Ceux qui ſeruent
d'inſtrument pour faire emparer le diable de l'eſprit des hômes: doiuent eſtre damnés. Or
eſt il que les Religieux, &c. (ne
preſchant point l'Euangile aux
infideles,) ſeruent d'inſtrument
pour faire emparer le diable de
l'eſprit des homme. Donc les
Religieux, &c. doiuent eſtre
damnés, s'ils ne preſchent l'E-
uangile aux infideles.

La 69. Ceux qui rendent
les hommes impuiſſans de
pouuoir faire aucune œuure
meritoire pour le Ciel: doiuent
eſtre damnés. Or eſt il que les
Chanoines reglez, reguliers,

& seculiers, &c. (ne preschant point l'Euágile aux infideles,) rendent les hómes impuissans, de pouuoir faire aucune œuure meritoire pour le Ciel. Dóc les Chanoines reglez, reguliers, & seculiers, &c. doiuent estre damnés, s'ils ne preschent l'Euangile aux infideles.

La 70. Ceux qui corrompent tous les bons desirs que Dieu enuoye à tous les hommes: doiuent estre damnés. Or est il que les Prestres, &c. (ne preschant point l'Euangile aux infideles,) corrompent tous les bons desirs que Dieu enuoye à tous les hommes. Donc les Prestres, &c. doiuent estre damnés, s'ils ne preschent l'E-

uangile

uangile aux infideles.

La 71. Ceux qui rendent les hommes hypocrites : doiuent eftre damnés. Or eft il que les Preftres, &c. ( ne preschant point l'Euangile aux infideles, ) rendent les hommes hypocrites. Donc les Preftres doiuent eftre damnés, s'ils ne preschent l'Euangile aux infideles.

La 72 Ceux qui font continuer en la plufpart des hommes la malediction donnée au paradis terreftre fur tous les hommes, leur oftant le moyen de s'en pouuoir releuer quand à la coulpe : doiuent eftre damnés Or eft il que les Religieux, &c. ( ne preschant point l'E-

uangile aux infideles , ) font
continuer en l'homme la malediction dõnée au paradis terreftre , fur tous les hommes:
leur oftât le moyé de s'en pouuoir releuer. Donc les Religieux, &c. doiuent eftre damnés , s'ils ne prefchent l'Euangile aux infideles.

La 73. Ceux qui feparent
la plufpart des hommes de la
bergerie de Iefus Chrift , doiuent eftre damnés. Or eft il que
les Abbés commendataires,
Prieurs fimples , &c. ( ne prefchant point l'Euangile aux infideles , ) feparent la plufpart
des hommes de la bergerie de
Iefus Chrift. Donc les Abbés
commendataires , Prieurs fimples,

ples, &c. doiuent estre damnés, s'ils ne preschent l'Euangile aux infideles.

La 74. Ceux qui rendent
la beauté de l'esprit subiect aux
folies des sens, doiuent estre
dānés. Or est il que les Prestres,
(ne preschant point l'Euangile
aux infideles, ) rédent la beauté de l'esprit subiect aux folies
des sens. Dõc les Prestres, doiuent estre damnés, s'ils ne preschent l'Euangile aux infideles.

La 75. Ceux qui mettent
les hommes plus asseurez dãs
l'obstination au vice : doiuent
estre damnés. Or est il que les
Prestres, &c. ne preschāt point
l'Euangile aux infideles, mettent les hommes plus asseurez

dans l'obſtination au vice.
Donc les Preſtres, &c. doiuent
eſtre damnés, s'ils ne preſchét
l'Euangile aux infideles.

La 76. Ceux qui font que
la plus grãde partie des hommes ſont incapables & inſuffiſans, de pouuoir acquerir l'a-
mour de Dieu, doiuent eſtre
damnés. Or eſt il que les Religieux, &c. (ne preſchant point
l'Euangile aux infideles,) font
que la plus grande partie des
hommes ſont incapables &
inſuffiſans, de pouuoir acquerir l'amour de Dieu. Donc les
Religieux, &c. doiuent eſtre
damnés, s'ils ne preſchent l'E-
uangile aux infideles.

La 77. Ceux qui font mar-
cher

cher les hommes dans les tenebres, doiuent eſtre damnés. Or eſt il que les Chanoines, &c. (ne preſchāt point l'Euangile aux infideles,) font marcher les hommes dans les tenebres. Donc les Chanoines, &c. doiuent eſtre damnés, s'ils ne preſchent l'Euangile aux infide les.

La 78. Ceux qui oſtent la ſcience de l'eſprit, en la plus part des hommes : doiuent eſtre damnés. Or eſt il que les Preſtres, &c. ( ne preſchant point l'Euāgile aux infideles,) oſtent la ſcience de l'eſprit, en la pluſpart des hommes. Donc les Preſtres, &c. doiuent eſtre damnés, s'ils ne preſchent l'E-

uangile aux infideles.

La 79. Ceux qui amoin-
driſſent la benediction du ciel:
doiuent eſtre damnés: Or eſt il
que les Religieux, &c. ( ne
preſchants  point  l'Euangile
aux infideles,) amoindriſſent la
benediction du ciel.  Donc les
Religieux , &c. doiuent eſtre
damnés, s'ils ne preſchent l'E-
uangile aux infideles.

La 80.  Ceux qui rendent
inutile la miſſion apoſtolique,
doiuent eſtre damnés. Or eſt il
que les Religieux, &c. (ne preſchant point l'Euangile aux infideles, ) rendent  inutile  la
miſſion apoſtolique. Donc les
Religieux , &c. doiuent eſtre
damnés , s'ils ne preſchent l'E-
uangi-

uangile aux infideles.

La 81. Ceux qui empefchét la ionction de la volonté des hommes auec celle de Dieu doiuent eftre damnés. Or eft il que les Religieux, &c. (ne prefchant point l'Euangile aux infideles,) empefchent la ionctiõ de la volonté des hommes auec celle de Dieu. Donc les Religieux, &c. doiuent eftre damnés, s'ils ne prefchent l'Euangile aux infideles.

La 82. Ceux qui empefchent que les hômes ne foyent feparez de la vilenie des Religions forgées par des infames: doiuent eftre damnés. Or eft il que les Religieux, &c. (ne prefchant point l'Euangile aux infideles ,) empefchent que les hommes ne foyent feparez de la vilenie des Religions for-gées par des infames. Donc ils doiuent eftre damnés , s'ils ne prefchent l'Euangile aux infi-deles.

La 83. Ceux qui empef-chent que la louange de Iefus Chrift ne foit multipliée par le monde : doiuent eftre dam-nés. Or eft il que les Religieux, &c. (ne prefchant point l'Euã-gile aux infideles,) empefchent que la louange de Iefus Chrift ne foit multipliée par le mon-de. Donc les Religieux , &c. doiuent eftre damnés , s'ils ne prefchent l'Euangile aux infi-deles.

La

La 84. Ceux qui oſtent la conſtance aux hommes d'endurer le martyre pour noſtre Redempteur : doiuent eſtre damnés. Or eſt il que les Religieux,&c. ( ne preſchant point l'Euangile aux infideles , ) oſtent la conſtance aux hommes d'endurer le martyre pour noſtre Redempteur. Donc les Religieux,&c. doiuent eſtre damnés, s'ils ne preſchent l'Euangile aux infideles.

La 85. Ceux qui empeſchent la deſtruction des mauuaiſes religions : doiuent eſtre damnés. Or eſt il que les Preſtres, ( ne preſchant point l'Euangile aux infideles, ) empeſchent la deſtruction des mau-

uaifes religions. Donc les Preftres, doiuent eftre damnés,
s'ils ne prefchent l'euangile
aux infidelles.

La 36. Ceux qui oftent la
force aux hommes de penetrer
les fecrets admirables de la Foy
enuers Iefus Chrift doiuent e-
ftre damnés. Or eft-il que les
Religieux, &c. ( ne prefchant
point aux infideles, ) oftent la
force aux hommes de penetrer
les fecrets admirables de la Foy
enuers Iefus Chrift. Donc les
Religieux, &c. doiuent eftre
damnés, s'ils ne prefchent l'E-
uangile aux infideles.

La 37. Ceux qui empef-
chent que la grace de Dieu ne

les hommes, doiuét estre damnés. Or est il que les Religieux,
&c. ( ne preschant point l'E-
uangile aux infideles , ) empeschent que la grace du Ciel ne
vienne abondamment sur tous
les hommes. Donc ils doiuént
estre damnés, s'ils ne preschent
l'Euangile aux infideles.

La 88. Ceux qui empes-
chét la connoissance des principes que Dieu veut estre le
chemin de la beatitude : doiuent estre dânés. Or est il que
les Religieux, &c. (ne preschât
point l'Euägile aux infideles,)
empeschent la connoissance
des principes que Dieu veut
estre le chemin de la beatitude. Donc les Religieux, &c.

doiuent eftre damnés , s'ils ne prefchent l'Euangile aux infideles.

La 89. Ceux qui empefchent l'accord de la ioye des Anges , auec la lieffe des hommes en vne grande pureté: doiuent eftre damnés. Or eft il que les Religieux, &c. (ne prefchant point l'Euāgile aux infideles,) empefchent l'accord de la ioye des Anges , auec la lieffe des hommes en vne grande pureté. Donc les Religieux, &c. doiuent eftre damnés , s'ils ne prefchent l'Euangile aux infideles.

La 90. Ceux qui font fentir la malediction de Dieu , en ceux qui ont vne loy infame:
doiuent

doiuent estre damnés. Or est il que les Religieux, &c. ( ne preschant point l'Euangile aux infideles, ) font sentir la malediction de Dieu, en ceux qui ont vne loy infame. Donc les Religieux, &c. doiuent estre damnés , s'ils ne preschent l'Euangile aux infideles.

La 91. Ceux qui ostent le desir d'estre en la compagnie des saincts martyrs qui sõt dãs la gloire, doiuét estre damnés. Or est il que les Prestres , &c. (ne preschant point l'Euangile aux infideles , ) ostent le desir d'estre en la compagnie des saincts martyrs qui sont dans la gloire. Donc les Prestres, doiuent estre damnés, s'ils ne

M

preschent l'Euangile aux infideles.

La 92. Ceux qui souhaitent les carreaux de la iustice Diuine, pour perdre les hommes : doiuent estre damnés. Or est il que les Religieux, &c. (ne preschant point l'Euangile aux infideles , ) souhaitent les carreaux de la iustice Diuine, pour perdre les hommes. Donc les Religieux, &c. doiuent estre damnés , s'ils ne preschent l'Euangile aux infideles.

La 93. Ceux qui empeschent que Dieu ne termine sa gloire auec la beatitude des hõmes : doiuent estre damnés. Or est il que les Religieux, &c. (ne preschant point l'Euangile

aux

aux infideles , empefchent que Dieu ne termine fa gloire auec la beatitude des hommes. Dõc les Religieux, &c. doiuent eftre damnés , s'ils ne prefchent l'Euangile aux infideles.

La 94. Ceux qui mettent les hommes en vne condition plus mefchante que celle des beftes : doiuent eftre damnés. Or eft il que les Religieux, &c. (ne prefchant point l'Euangile aux infideles , ) mettent les hommes en vne conditiõ plus mefchante que celle des beftes. Donc les Religieux , &c. doiuent eftre damnés , s'ils ne prefchent l'Euangile aux infideles.

La 95. Ceux qui empef-

chent que la pluſpart des hommes, n'ayent la force de fouler
aux pieds toutes les maudites
religions : doiuent eſtre damnés.   Or eſt il que les Preſtres,
&c. ( ne preſchant point l'Euãgile aux infideles,) empeſchent
que la pluſpart des hómes n'ót
la force de fouler aux pieds
toutes les maudites religions
du monde. Donc les Preſtres,
&c. doiuent eſtre damnés, s'ils
ne preſchent l'Euangile aux
infideles.

La 96. Ceux qui accom-
pliſſent toutes les pretentions
de l'Antechriſt : doiuent eſtre
damnés. Or eſt il que les Religieux, &c. (ne preſchant point
l'Euangile aux infideles ,) ac-
com-

compliſſent toutes les pretentions de l'Antechriſt. Donc les
Religieux, &c. doiuent eſtre
damnés, s'ils ne preſchent l'E-
uangile aux infideles.

La 97. Ceux qui empeſ-
chent que les hommes ne ſe
releuét au deſſus de toutes les
creatures corporelles : doiuent
eſtre damnés. Or eſt il que les
Predicateurs, &c. (ne preſchant
point l'Euangile aux infideles,)
empeſchent que les hommes
ne ſe releuent au deſſus de toutes les creatures corporelles.
Donc les Predicateurs, &c.
doiuent eſtre damnés, s'ils ne
preſchent l'Euangile aux infideles.

La 98. Ceux qui donnent

vne confusion eternelle, à la
pluspart des hommes: doiuent
estre damnés.  Or est il que les
Prestres , &c. ( ne preschant
point l'Euãgile aux infideles,)
donnent vne confusion eternelle à la pluspart des hommes.
Donc les Prestres, &c. doiuent
estre damnés, s'ils ne preschent
l'Euangile aux infideles.

La 99.  Ceux qui empes-
chent que les esprits des hommes , ne soyent merueilleusement contens, dans l'esperance
asseurée de la demeure des Ar-
changes, pour la certitude de la
loy de Dieu : doiuét estre damnés. Or est il que les Religieux,
&c. (ne preschant point l'Euangile aux infideles,) empeschent
que

que les esprits des hommes
ne soyent merueilleusement
contens, dans l'esperāce asseurée de la demeure des Archan-
ges, par la certitude de la loy
de Dieu. Donc les Religieux,
&c. doiuent estre damnés, s'ils
ne preschent l'Euangile aux infideles.

La 100. Ceux qui main-
tiennent la pluspart des hommes, en l'ignorance de la grace, & de la foy de Iesus Christ
doiuent estre damnés. Or est
il que les Prestres, Diacres,
soubsdiacres, Bacheliers, Licentiez, & Docteurs en Theologie, Religieux Mendiās, Dominicains, freres Prescheurs,
Cordeliers, freres Mineurs,

Obseruantins, Recolets, Capucins , Chanoines reguliers, Chanoines reglez, Mathurins, Augustins, Carmes , Prestres de la Congregation de l'Oratoire , Chanoines seculiers, Iesuites, freres de la societé du nõ de Iesus , Missionnaires de la Cõgregatiõ ou dehors, Prieurs simples , Doctrinaires , Abbés commendataires , Predicateurs & Bernabites : ( en ne preschant point l'Euangile aux infideles, Turcs, Arabes & Mahometans, ) maintienent la plus part des hommes en l'ignorance de la grace , & de la foy de Iesus Christ. Donc les Prestres , Diacres , Soubs diacres, Bacheliers , Licentiez , & Docteurs

cteurs en Theologie, Religieux
Mendians, Dominicains, freres
Prescheurs, Cordeliers , freres
Mineurs, Obseruantins, Recolets, Capucins, Chanoines reguliers, Chanoines reglez, Mathurins , Augustins , Carmes,
Prestres de la Congregation
de l'Oratoire, Chanoines seculiers, Iesuites, freres de la societé du nom de Iesus, Missionnaires de la Congregation, ou dehors, Prieurs simples, Doctrinaires , Abbés commenda-
taires , Predicateurs & Bernabites : doiuent estre damnés e-
ternellement, s'ils ne preschent
l'Euägile aux infideles, Turcs,
Arabes, Musulmans, Mores, &
Mahometans.

N

# LE FIRMAMENT
## DE LA VERITE.

### CHAPITRE IIL.

Ve reste il maintenant! ô Ecclesiastique & Religieux: sinon de vous en aller arborer l'estédart de la croix parmy les barbares. Vous auez entédu l'obligatió inuiolable qui vous y doit porter pour le salut de vostre ame, & la gloire de Iesus Christ. Considerez les delices incomparables preparez aux ames heroiques, qui auront foulé

aux

aux pieds les vanités du monde, en se seruant de la trompette Euangelique pour publier
en tout l'vniuers les louanges
de nostre Redempteur & re-
marqués les contenteméts des
Anges, qui vous doiuent mettre en la plus haute hierarchie
des Esprits, apres que vous au-
rés acquis des conquestes sur
conquestes, & des triomphes
sur triomphes: que vous trou-
uerez auoir esté procedées par
nos predecesseurs, si vous
fouillez & entrez dás les thresors de l'antiquité, enseuelis
en l'abisme des temps par la
reuolution des siecles! O quelle infamie est-ce de voir que
ceux qui deuroient móstrer le

chemin du ciel, enſeignent par
leur vie, le precipice des ames
perdues! O quel creue cœur de
voir dans l'oiſiueté, ceux qui
par l'ardeur & le zele de la
charité ſont pouſſez à ne pro-
duire que flammes pour em-
braſer le môde ; en faiſant ruiſ-
ſeler la foy pour eſtancher la
ſoif mortelle des ames, y rap-
portant le fruict de vie. Helas
que ceſte pareſſe eſt dômagea-
ble, côbien de milliôs d'hommes ſe perdent tous les iours,
à faute de ceſte lumiere, encore qu'ils la ſouhaitét, & la deſi-
rent merueilleuſement, (voicy
en partie ce qu'ils nous diſét.)
Ne ſçauez vous pas! ô Eccleſiaſtiques & Religieux, que nous
auons

auons eu noſtre naiſſance ſpi-
rituelle du Ciel, pour eſtre à iamais immortels. Ignorez vous
que Adam ne ſoit noſtre Pere
auſſi bien que le voſtre? ne co-
gnoiſſez vous point que par
l'arbre deffendu : nous auons
eſté generalement maudits ſur
la terre, & plongez dans toute ſorte de malheurs en ceſte
vallée de larmes, où ne viuons
qu'en ſouſpirant, & ne ſouſpi-
rons que pour nous plaindre!
Mais qui plus eſt, ne vous eſt il
point manifeſte que le fils du
Tout-puiſſant, le bien aimé du
Pere, & le verbe eternel : eſt
mort pour l'amour de nous, a-
fin de nous donner la vie, s'e-
ſtant reueſtu de noſtre nature,

pour endurer, fouffrir, & patir,
le tout à noftre contentement,
& à fon exaltation. Ainfi vous
voyez comme nous fommes
freres en naiffance, en malheurs, & en la croix du Prince
du ciel, & de la terre. Partant!
O freres bié aimés, ne vueillez
abufer de la grace que Dieu
vous a donné par le baptefme:
ne la laiffez point enfuir par
voftre nonchalance, penfez
que celuy qui vous a donné de
telles faueurs, vous fera rendre
vn conte exact de ce que vous
ne l'aurez point mife en œuure? Nous voulez vous laiffer
perdre à faute d'inftruction!
defirez vous que le Diable
poffede nos ames : helas fi

vous

vous estes chrestiés, où est vostre charité? si vous estes imita-
teurs des Apostres, où est vostre amour ? Quoy la crainte
des dangers & des incommo-
ditez , seroient elles cause
d'vn si grand bien? Voudriés
vous en cela renier Iesus
Christ : puis que tant de fois
par les rudiments du Chri-
stianisme , vous vous estes o-
bligez à exalter la gloire de son
S. Nom ? Quoy deués vous
apprehender aucunes peines,
pour vous donner de l'obsta-
cle à nous apporter le pain des
Anges ? Iesus Christ n'est il
point mort pour vous, & ainsi
pourquoy auez vous la crainte de mourir, pour l'amour de

luy? Quoy les Princes du mõde pour vn morceau de terre trouueront de soldats à foison; qui ne craindront point les dangers, voire mesme mourront pour leur Monarque. Et l'Empereur des Princes, le Roy du Ciel & de la Terre, n'aura pas des soldats spirituels dans son armée, parmy ceux qui se sont enrollés volontairement soubs son estendart, n'osans point sacrifier leur vie pour son seruice : qui ne donne pas vne piece d'or comme ceux de la terre, mais la vie eternelle, la ioye infinie, & des delices que l'oreille n'a point ouy, ny l'entendement ne peut comprendre! O precipice,

pice! ô aueuglement! ô cruauté
eſtrange. Que ſi vous voulés
ſcauoir nouuelles ( mes chers
freres )de ceux qui vous ont de
uãcé! faites moy ouurir ces tõ-
beaux: faites moy rompre ces
lames de cuiure, & faites moy
ſortir quelque miſerable Eccleſiaſtique ou Religieux dam-
né : qu'il paroiſſe tout paré de
flammes comme ils ſont ; que
vous dira il; ſinon, malheureux
que ie ſuis, de m'eſtre mis en ce
lieu de tenebres, par ma negli-
gence. Helas! faut-il que pour
n'auoir annoncé l'Euangile ie
ſois eternellement auec le diable? faut-il que pour auoir paſ-
ſé la vie dans les voluptez, ie
ſois pour vn iamais dans les

O

fouffrances: helas! combien de
fois m'auoit on dit que Dieu
ne permet les infideles , que
pour donner occafion aux Ecclefiaftiques & Religieux de
faire paroiftre leur amour,
mais i'auois negligé ces aduer-
tiffements , & pour cela me
voicy entouré de maledictiõs,
enchaifné de malheurs,& atta-
ché infeparablement auec les
peines; Voila ce que cefte ame
damnée vous diroit. Ainfi mes
freres, quand ce grãd Iuge des
viuants & des morts viendra
pour defiller les yeux au monde,où vous retirerez vous,fera
ce du cofté de la Reyne des
Anges, elle n'aime point que
ceux qui font connoiftre fon
Fils,

Fils, fera-ce du cofté des Apo-
ftres, ils vous reietteront comme des hypocrites: en quel lieu
vou retirerez vous finalement,
fi ce n'eft entre les mains de
fatan? Malheur donc à ces Ecclefiaftiques & Religieux qui
n'auront point prefché la foy
aux infideles, maheureux le
iour qui leur donna naiſſance,
& malheureuſes les meres qui
les aurõt nourris de leur laict,
puis qu'ils ne deuront feruir
que d'obiect à la vengeance
Diuine! ô furies, où eftes vous?
foudres à quoy feruez vous, fi
ce n'eft pour efcrafer par ad-
uance, ces monftres d'impieté,
ces Religieux maudits, que
Dieu confonde & abifme e-

ternellement aux enfers.

O Sauueur, quand vous e-
stiez au monde pour y nego-
cier douloureusement le salut
des mortels : quel esclat don-
niez vous au siecle qui vous y
voyoit, & à la terre qui souste-
noit vos pieds? Quel aduantage à ceux qui vous pouuoient
voir, & entendre! hâ! que vous
auez raison de dire à vos Apostres : bien heureux sont les
yeux qui voyent, ce que vous
voyez: car ie vous dis que plu-
sieurs Prophetes & Roys ont
desiré voir les choses que
vous voyez & ne les ont point
veuës, & ouïr les choses que
vous oyez & ne les ont point
ouyes : De quel mouuement

d'amour

d'amour eftoient touchez
ceux que vous auiez œilladé,
& à qui voftre grace auoit def-
fillé les yeux pour vous cónoi-
ftre, vos miracles illuminé , &
fortifie l'entendement pour
croire en vous, &tous les deux
touché le cœur pour vous
fuiure. Mais encore ceux là e-
ftoient plus ardans à vous ay-
mer, lefquels vous auiez particulierement choifis, pour ac-
compagner çà bas voftre hu-
manité durant le cours de fes
trauaux : Ils ne parloient que
de fouffrir pour vous , d'aller
aux prifons, & à la mort, & en
feruiteurs trãfportez d'vne iufte & faincte paffion , ils vouloient endurer toutes fortes de

O iij

tourmens pour leur maiſtre,
ils faiſoient à l'enuy qui ſouf-
friroit d'auantage, & diſpu-
toient ainſi au gré de leur zele
vn prix de ſang & de douleur
pour voſtre ſeruice: rien ne les
eſpouuentoient, les peines &
les martyres leur eſtoient pluſtoſt des appaſts que des hor-
reurs : auſſi diſoient ils par la
bouche de voſtre vaiſſeau d'é-
lection: Qui nous ſeparera de
la charité de Chriſt, ſera-ce
oppreſſion où angoiſſe, où
faim, où nudité, où peril, où
perſecution, où glaiue. Nous
ſommes liurez à mort pour
l'amour de toy tous les iours,
& ſommes eſtimez comme
brebis de l'occiſion, ains en
toutes

toutes ces choses nous som-
mes vainqueurs pour celuy
qui nous a aymez.

Vous les auiez aymez, Seigneur, vous auiez enduré les
peines mortelles de la croix:
ainſi ils vous ont rédu amour
pour amour, tourment pour
tourment, & mort pour mort,
& non ſeulement vos diſciples
qui furent teſmoins & procu-
reurs de toute leur poſterité,
pour receuoir & accepter la
donation de voſtre corps precieux : mais tant d'autres qui
en qualité de martyrs ont ſainctement & conſtamment porté leur vie dans le threſor de
voſtre Egliſe, threſor recueilly,
& conſerué pour nous, ſans

que nous y ayons porté vn
seul tesmoignage d'amour, ny
vn effect de predication emi-
nente: helas ! Seigneur , pourquoy est-ce que les vieux siecles ont cest aduantage d'a-
uoir produit tant de saincts
qui sont morts pour vous,& à
vostre seruice ! & que les no-
stres soient steriles & ne portent point de ces fruicts diuinement humains, comme si le
premier zele n'auoit peu pas-
ser iusques à nous , & que nostre impieté luy fermât le passage , eust par mesme moyen
supprimé l'vsage du martyre,
& de la predication parmy les
Barbares.

Pourquoy faut-il, ô mon
Dieu,

Dieu, que ce zele de la foy foit
demeuré derriere nous , puis
que la gloire de voftre nom,
& le deuoir de nos confcien-
ces luy deuoiét donner cours
dans les aages perdurables de
voftre Eglife! Et comment,
Seigneur, permettez vous que
vos autels foient maintenant
deferts de vrayes deuotions,
& de pur facrifices ? Les Roys
& les Princes du monde font
exactemét obferuer leurs loix
dans leurs Royaumes , & par
vne iufte & Royale ialoufie de
leurs puiffances fouueraines,
ils n'efpargnent rien pour
les maintenir. Et vous , Seigneur, qui eftes le Roy des

P

Roys , & dispensateur de leurs
couronnes: que ne faites vous
garder vostre loy dãs vostre e-
stat spirituel? Que ne le remet-
tez vous en sa premiere splen-
deur, & y disposant les cœurs
d'vne insensible & douce vio-
lence, ou d'vne grace sensible-
ment efficace : Que n'illu-
strez vous vostre Temple de
ses ornemens viuans qui peuuent chanter vos louanges, &
faire surseoir la sentence que
vous deuez prononcer contre
le monde. Sauueur, si les Ecclesiastiques, perseuerent en leurs
impies malices , faites ce que
vous dit vostre oingt Prophe-
tique. O Seigneur, abaisse tes

cieux

cieux & deſçens, touche les
montagnes, &elles fumeront,
iette les eſclairs, & tu les diſſi-
peras, enuoye tes fleſches, &
tu les troubleras. Monſtrez
voſtre colere par ſignes viſi-
bles, pluſtoſt que ſenſibles, ſur
les montagnes, & non ſur les
coulpables. Car ô mon Dieu,
ſi voſtre ire portoit voſtre
main de iuſtice ſur les perſon-
nes, ce ſeroit vne punitió pour
nous deſtruire, & non vn ad-
uertiſſement pour nous refor-
mer: ainſi noſtre endurciſſe-
ment rend comme neceſſaires
vos menaces, puis que nous
ſommes ſi miſerables, que
nous faiſons par crainte, ce

que nous deurions faire par a-
mour.

Las ! qui m'aduoüera de
cette priere , puis qu'elle de-
mãde vne chofe qui nous peut
faire tranfir de frayeur & d'é-
ftonnement ?  Nul à mon ad-
uis ne fe ioindra à mon inftan-
ce : les impies Ecclefiaftiques
qui fe plaifent en leurs vices
ne veulét point voir ces fignes
effroyables , de peur d'eftre
contraints à s'amender & cor-
riger leur vie:les Religieux re-
pentans ne les defirent point,
pour n'accroiftre la crainte
&le remords que le peché leur
donne : & les iuftes ne le de-
mandent point par charité en-

uers

uers les vns & les autres , &
laquelle leur faifant , cercher
en faueur de leur falut vne voye plus douce , frappe pluftoft
à la porte de la mifericorde,
pour obtenir leur pardõ , qu'à
celle de la iuftice , pour reque-
rir leur chaftiment. Helas! fi fa
patience qui femble faire tort
à fa iuftice en nous donnant
de fi lõgs delais: fi dif-ie,tãt de
bié-faits que nous en receuõs,
ne nous peuuent porter à l'aimer & à le feruir: qui nous y o-
bligera? n'eft-il pas raifonnable
qu'ẽ fin il face connoiftre qu'il
eft iufte, cõme il s'eft manifefté
bon , & nous face fentir en
qualité de iuge, que nous fom-

mes ingrats & indignes de ce qu'il a fait pour nous en qualité de pere? O Ecclesiastiques, que respondrez vous à Dieu, quand il appellera vostre ingratitude en iugement : mais vous, ô Religieux, qui n'occupez qu'vn petit poinct en la circonference du monde, de quel front parlerez vous à vostre bien-faiteur, quand il vous reprochera vos malices, & confrontera ses bien-faits à vos impietez, vous qui auez receu la lumiere de la foy par grace speciale, & commé à tiltre d'ellection, de quelle excuse parerez vous aux coups d'vne si iuste accusation? Mais quelle

quelle honte & quel blafme,
encouréz vous d'auoir ainfi
laiffé affoiblir la deuotion, &
la pieté de vos peres, qui vous
l'auoient refignée pour en cõ-
tinuer l'exercice, enrichir vos
ames de leurs fruicts, & orner
de leur exéples vôftre fiecle? Si
vous croyez fermement en
Dieu, ne croirez vous pas veri-
tablemét voftre mefcognoiffã-
ce? Le Pfalmifte reprochãt celles des Ifraëlites, dit: il n'a pas
fait ainfi à toutes les natiõs, &
ne leur a pas manifefté fes iu-
gemés: & de vray, Dieu n'a pas
hanté toutes les nations du
monde comme nous, puis
qu'il nous a départi le threfor

de ſes graces, pour connoiſtre
ſa verité, que tant de peuples
meſcognoiſſent.

Ainſi, ô Eccleſiaſtiques &
Religieux, il faut que l'amour
Diuin vous poſſede, pour auoir
la poſſeſſion de celuy qui le
vous demande, & qui ne croi-
ra iamais que vous l'aymiez de
tout voſtre cœur, & de toute
voſtre penſée; ſi vous ne char-
gez la croix pour le ſuiure : ſi
quelqu'vn, ( dit-il ) veut eſtre
Eccleſiaſtique ou Religieux,
qu'il renonce à ſoy meſme, &
charge ſur ſoy de iour en iour
ſa croix, & me ſuiue : car quiconque voudra ſauuer ſa vie, il
la perdra, mais quicõque per-

dra

dra sa vie pour l'amour de moy, il la sauuera. Quand vn capitaine commande à ses soldats de prendre les armes & de le suiure, ils s'arment, vont apres luy, & sans faire enqueste du lieu où il les meine, trauersent la mer & la terre s'il en est besoin ; & souffrent toutes sortes de peines, & Iesus Christ vray & seul capitaine en la milice Chrestienne, ne sera point obei enuers ses soldats spirituels, pour leur faire prendre les armes de la croix & le suiure? Non, non, Seigneur, vous auez beau faire sonner la trõpette Euangelique pour faire prendre les armes de la predication vers les infideles. Vous auez beau arborer la cornette rouge de la croix, peu de perfonnes branflent pour vous fuiure: les chofes terreftres les touchent fi viuement qu'ils penferoient eftre trompez d'en faire efchange auec les celeftes, & cefte vie leur eft fi chere, que nul ne parle de l'éployer pour voftre feruice : mais comme vous venez de dire, Seigneur; Quiconque voudra fauuer fa vie la perdra, & quiconque la voudra perdre pour l'amour de moy, la fauuera, celuy qui ne voudra viure que pour le monde, mourra, & qui voudra mourir pour vous, viura.

Heureux

Heureux donc, Seigneur, ceux qui portent la croix à voſtre ſuite, & qui meurent pour vous, comme dit l'Apoſtre, Chriſt m'eſt gain à viure & à mourir. Ainſi leur vie eſt en vous, & leur felicité en leur mort: O vie glorieuſe : ô mort honorable, & pleine de delices, ceux là ſe peuuent dire vrayement viuants, qui meurent en preſchant l'Euangile aux infideles : ce n'eſt pas la mort qui leur ferme les paupieres, mais comme vn doux ſommeil, ils dorment au Seigneur pour s'eſueiller en ſa gloire. C'eſt ſe repoſer, & non mourir, paſſer du riuage des hommes , au port des Anges, & du monde des mourants en la terre des viuants. C'eſt en ceſte terre, ô Eccleſiaſtique & Religieux qu'il faut aller , c'eſt la terre que l'on deſcouure apres qu'on a ſainctement preſché l'eſtendart de la croix aux meſcreans. Terre promiſe aux enfans de Dieu, & abondante en laict & en miel , ie dis pleine de douceurs eternelles! Las, quand prendrez vous pied en ceſte terre bien-heureuſe, non ſubiecte aux elements , quand viurez vous auec ceux qui ne penſent point viure, s'ils ne meurent pour Dieu. Heureuſe vie , heureuſe mort, l'vne don-

ne

ne le prix de saincteté à l'autre,
& toutes deux sont precieuses:
Precieuse est en la presence du
Seigneur la mort de ses Saints:
Ils partagét l'heritage des Anges, ils ont place là haut sur les
douze trosnes, iugeants les
douze lignées d'Israel, çà bas
toutes choses leur font subie-
ctes; & finalement acquierent
par ces peines, des ioyes admirables, des contentements
inouys, allants par les souf-
frances au dessus des pirami-
des, & des triomphes de la
gloire.

*Saluo per omnia sanctæ sœ-*
*dis Apostolicæ.*

# F I N.

## Approbation.

Nous foubfignés Docteurs en la facrée faculté de Theologie : Certifions auoir leu vn liure merueilleux, qui a pour tiltre, le Firmament de la Verité, par Iean d'Aubry, auffi Docteur en la faculté : auquel n'auons rien trouué de contraire à la foy Catholique Apoftolique & Romaine, ains l'auons iugé digne d'eftre manifefté en tous les lieux de la Chreftienté. Fait ce 3. May 1642.

I. Belot. Timothee. André. Cauffin.
fr. Honoré.    fr. Guichard.    fr. Adolphe.
Conftantin, Abbé de S. Victor.    Anulphe.

www.ingramcontent.com/pod-product-compliance
Lightning Source LLC
LaVergne TN
LVHW020704200726
843508LV00002B/876